Premier dictionnaire illustré
Animaux

Cochon

Papillon

Lapin

Renard

Illustré par Anna Ivanir

www.kidkiddos.com
Copyright ©2025 by KidKiddos Books Ltd.
support@kidkiddos.com

All rights reserved. No part of this book may be reproduced in any form or by any electronic or mechanical means, including information storage and retrieval systems, without written permission from the publisher, except in the case of a reviewer, who may quote brief passages embodied in critical articles or in a review.
First edition, 2025

Library and Archives Canada Cataloguing in Publication
First Picture Dictionary – Animals (French edition)
ISBN: 978-1-83416-297-3 paperback
ISBN: 978-1-83416-298-0 hardcover
ISBN: 978-1-83416-296-6 eBook

Animaux sauvages

Hippopotame

Panda

Renard

Rhinocéros

Cerf

 *Élan*

 *Loup*

◆ Un élan est un excellent nageur et peut plonger sous l'eau pour manger des plantes !

 *Écureuil*

◆ Un écureuil cache des noisettes pour l'hiver, mais il oublie parfois où il les a mises !

Koala

 *Gorille*

Animaux de compagnie

Canari

Cochon d'Inde

✦ Une grenouille peut respirer par sa peau ainsi que par ses poumons!

Grenouille

Hamster

Poisson rouge

Chien

✦ Certains perroquets peuvent répéter des mots et même rire comme un humain!

Perroquet

Chat

Animaux de la ferme

 Vache

Poule

 Canard

Mouton

Cheval

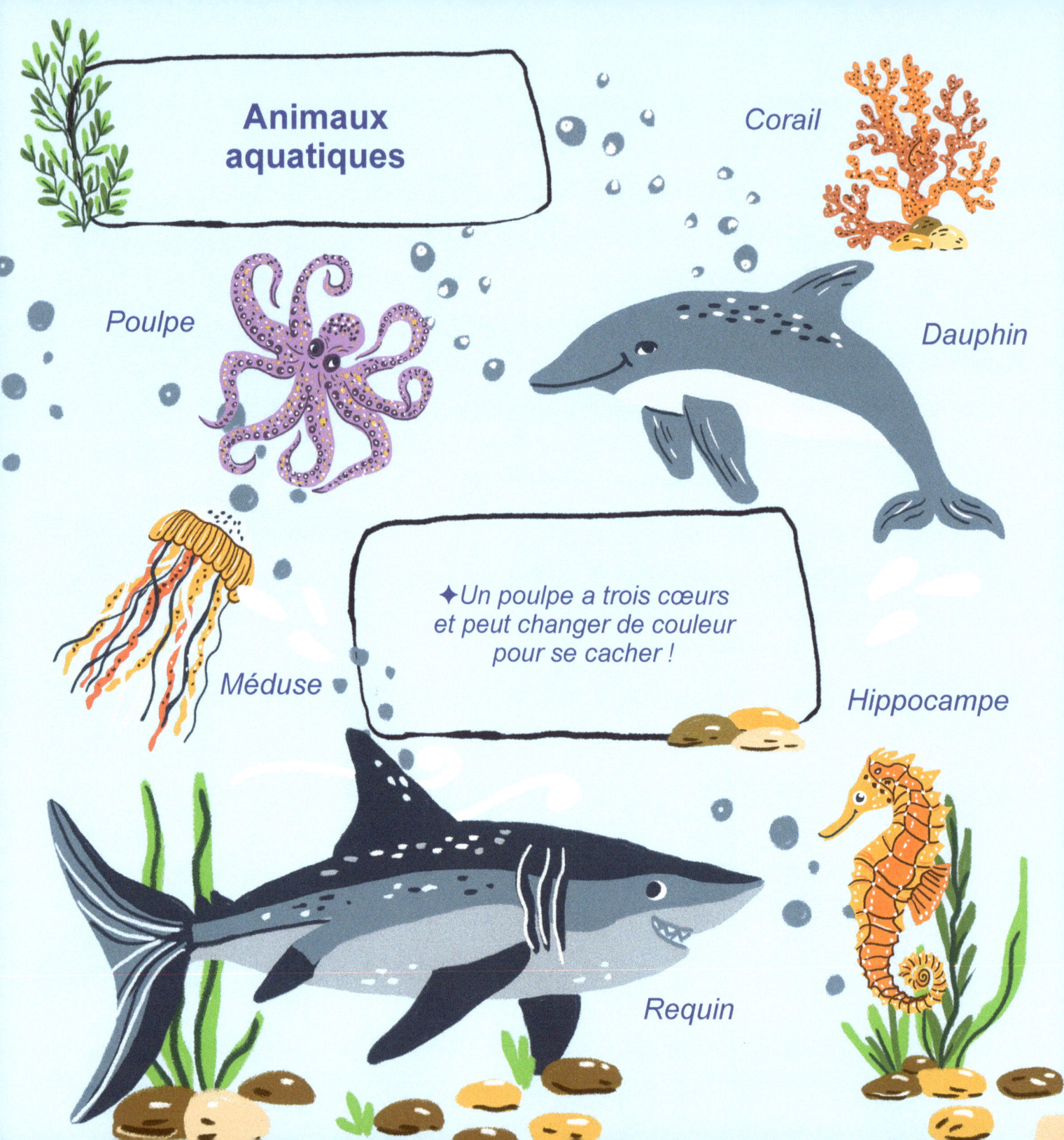

Hibou

Chauve-souris

◆ Un hibou chasse la nuit et utilise son ouïe pour trouver sa nourriture !

◆ Une luciole brille la nuit pour trouver d'autres lucioles.

Raton laveur

Mygale

Animaux colorés

Le flamant est rose

Le hibou est marron

Le cygne est blanc

Le poulpe est violet

La grenouille est verte

♦ La grenouille est verte pour se cacher parmi les feuilles.

Animaux et leurs petits

Vache et Veau

Chat et Chaton

◆ Un poussin parle à sa mère même avant d'éclore.

Poule et Poussin

Chien et Chiot

Papillon et Chenille

Mouton et Agneau

Cheval et Poulain

Cochon et Porcelet

Chèvre et Chevreau

www.ingramcontent.com/pod-product-compliance
Lightning Source LLC
LaVergne TN
LVHW072100060526
838200LV00061B/4776